官生林世功

共五冊

卷之二五

新撰　萬壽賀表三篇

登極賀表

進香表文

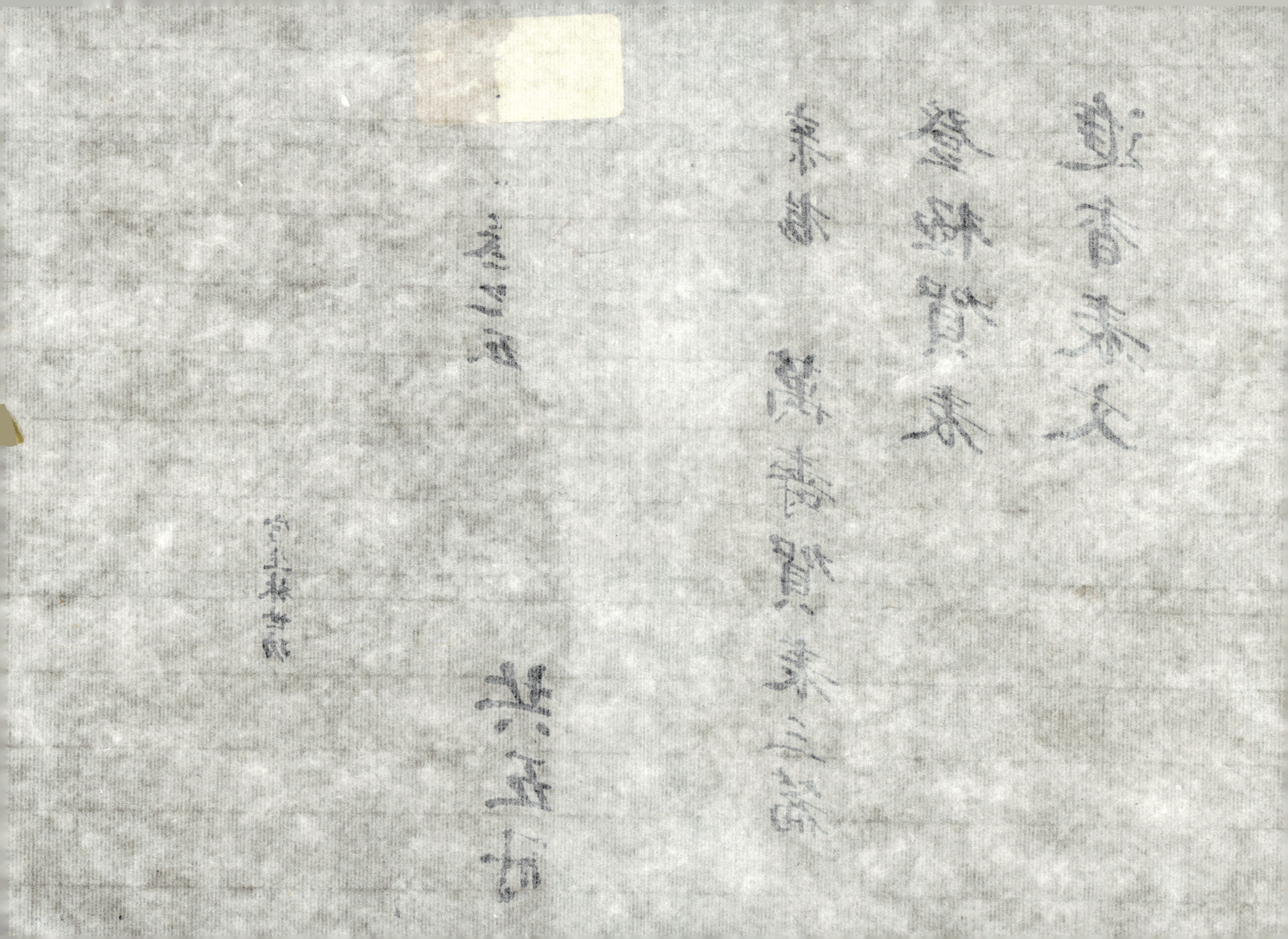

擬萬壽賀表

琉球國中山王臣尚某誠懽誠忭稽首頓

首謹奉

表上言伏以

電彩繞樞金殿九重明日月

瑶光流渚玉扆五色耀乾坤

節立長春劍佩歡聲迎仙仗

舞燦宫七大地嵩庥萬方

皇帝陛下

聰明睿智

文武聖神

椿算同河山御烟瑞横翠篆

鶴齡符箕翼簫韶樂奏鈞天臣某屏息藩垣

添籌海嶠望

南山而九叩瞻

北闕以三呼莫遂鳧趨從深燕賀謹遣陪臣○
○○等肅賫方物虔捧
表章甸祝
龍禧代躬雀躍伏願
範陳五福
詩咏九如
山能熟建章羣上千秋之鑑
時萬歲之觴將見玉燭頻調
慶金甌之奠圖籙衍有道
之長矣臣某無任瞻
天仰
聖踴躍懽忭之至謹奉
表稱
賀以
聞

擬 萬壽賀表

伏以

建章繞蟠桃殿上慶風雲之会

閶闔垂御柳壺中衍日月之長

電映虹流率土盃傳延壽

星陳雲爛彌天節立長春域外歡騰寰中羅

拜恭惟

懿德常昭

北闕承恩鳴玉珮環隨仙樂

南山稱祝爐香衣袖燦宮花臣甚海島僻居

滄濱末職北望

天門凝紫氣莫遂覲趨南瞻

斗極靄祥雲徒懷燕賀謹遣陪臣○○○○

○等肅賫方物效葵藿之悃葡叩

○[illegible]

[illegible]○○○○○

天[illegible]

[illegible]木[illegible]

[illegible]

[illegible]

[illegible]

[illegible]

[illegible]

[illegible]

[illegible]

[illegible]

[illegible]

[illegible]

玉階獻華嵩之呼祝伏願

德齊廣運

學継緝熙

天保興歌群欣戩穀罄宜之盛（小雅天保定爾俾爾戩穀罄無不宜　戩盡也　穀善也　罄盡也）

卷阿載咏咸羨矢（矢陳也）音彌性之休將見寶籙誕（大雅云爾彌爾性　彌終也　性命也）

膺叶三靈而薦祉瑶圖丕奠圜六合以同

春矣

皇上萬壽表

鄭氏具稿

伏以

帝德凝庥率土效箕疇之祝

皇衷協極普天同嵩嶽之呼

統萬國之衣冠爭頌巍巍蕩蕩

合千官之舞蹈羣瞻穆穆皇皇縹緲祥烟風

振延年之曲氤氳瑞靄香浮長壽之杯喜

溢臣工歡騰中外恭惟

皇帝陛下

體元不息

凝命無疆

一統車書雪藕來瑶池之獻

萬方玉帛永祧受蓬萊之將八埏覲南極之

星慶雲絢爛四海歸北辰之拱紫氣盤旋

恭值

帝獲親叩於

其埏日近心傾慶申代祝於

金闕洪範五福愈熾而昌天保九如惟仁者壽

伏願

堯天並茂

舜日彌長

紹泰運於無窮長沾雨露

開壽域於有永莫贊高深由大衍之景命永

固瑶圖被荒服而旁敷因綿寶祚將見億
萬年之丕冒薄海皆入範圍八千歲爲春
秋遠邇同沾覆載矣 臣某無任瞻
天仰
聖踴躍懽忭之至謹奉
表稱
賀以

擬上

皇太后萬壽賀表

琉球國中山王臣尚某誠懽誠忭稽首頓
首謹奉
表上言伏以
聖孝天開閬苑捧玉巵祝壽
慈幃春靄椒宮奏仙樂稱觴

天上進王母蟠桃瑶池煥彩
雲間遶婺星紫氣蓬島揚休頌洽八荒歡騰
四表恭惟
皇帝陛下
孝符虞舜
仁比唐堯
掖寢承歡三殿鷄鳴勤問豎
燦舞斑衣欽惟
德配乾元
恩侔坤厚
璇閨集祜合太姜太姒之賢
紫極凝禧兼長樂長秋之慶 臣某備員屏宇
僻處蝸居欣逢
七袠悅辰願進九如鶴算竟趨無術燕賀有懷
謹遣陪臣○○○○○等肅捧

[illegible]○○○○○○[illegible]

[illegible]

[illegible]

[illegible]

[illegible]

[illegible]

[illegible]

[illegible]

[illegible]

[illegible]

[illegible]

[illegible]

[illegible]

[illegible]

[illegible]

表章匍
玉階而陳
千秋之頌虔將葵藿叩
金闕而稱
萬壽之龢伏願
錫類無方
孝思不匱
[illegible]作以悠長
[illegible]塀而羅拜將見楦樹光日月
時依禁籞以呼嵩瑤圖奠河山歲集共球
而獻芹矣 臣某無任瞻
天仰
聖踴躍懽忭之至謹奉
表稱
賀以
聞

擬上

皇太后聖壽表　鄭氏具稿

伏以

璇宮集慶德符地厚合無疆

蘭室凝禧化協坤元類歛福

樞星誕瑞長綿頤養大年

[illegible]鳳祥和懿德

[illegible]彌新

九重之孝治益著中外懽忭臣工雀躍恭惟

皇太后陛下

承天時行

至靜德方

懋著母儀生

聖人而有道

覃敷順德膺厚載於安貞西望瑤池玉女獻

蟠桃之實北瞻

魏闕微臣進思媚之章欣逢陽長之芳恭值資

生之錦悅恭惟

皇帝陛下

孝隆千古

澤被八荒

仰體

之道

聖母永綏德化於熙雍統四海而懷柔金馬遐陬

悉隸版圖之內馭六合而出治朱鳶殊域

咸歸覆幬之中鑿齒雕題來王而測海水

黃支烏弋受吏而聽東風　臣其職守荒徼

莫隨鵷行而虎拜心依

日月敬向海若而山呼千萬億載之鴻圖總歸純

孝三十　洲之黎首悉仰徽音伏願

太和翔洽
聖治光昭
兩潤日晅五星肩連珠之象
人安物阜萬年彰册玉之文推錫類之仁八表
之歡心共戴涣大號之典萬方之樂志咸
同則岡陵遐福類聞嵩嶽之呼而鄉景光
華永聽箕疇之祝矣臣某無任瞻
聖謹奉
表恭
賀以
聞
擬　册立皇后賀表
琉球國中山王臣尚某誠懽誠忭稽首頓

首謹奉
表上言伏以
哲王御宇関雎開麟趾之祥
聖主膺圖樛木衍螽斯之瑞
配乾循大順承允藉坤維
助日爲明幽贊適資陰教六宮喜洽九嬪歡
騰恭惟
孝思維則
共球萬國欣瞻鸞鳳和鳴
蒲穀千邦快覩瑟琴雅奏欽惟
皇后殿下
温恭静正
淑慎幽閒
壼政宏宣蘭房表姒任之範

賀以

聞

擬　冊立東宮賀表

琉球國中山王臣尚某誠懽誠忭稽首頓

首謹奉

表上言伏以

[illegible]衍箕裘之緒

[illegible]貽丹扆之謀

日麗儲宮裕養少年之主器

春融朱第共瞻育德之元良四海屬心萬邦

作則恭惟

皇帝陛下

經天緯地

奮武揆文

建極綏猷堂構垂千秋謨烈

儀型早著褘衣符齊媚之休嘉禮聿新純蝦

畢集誕膺

聖慈懿旨

册封晉位中宮椒掖祥光金根煥彩臣某儕居

瀛嶼供職藩垣燕賀有心鳧趨無術謹遣

陪臣○○○○○等恭賫短疏匍祝

聖禧伏願

脱簪永巷雞鳴視夜於未央

誦易内庭練服承歡於長樂將見熊羆協夢

祥開八百之基麟鳳凝庥祚衍萬年之慶

矣臣某無任瞻

天仰

聖踴躍懽忭之至謹奉

表稱

[illegible]

[illegible]

[illegible]

[illegible]

[illegible]

[illegible]

[illegible]

[illegible]

[illegible]

[illegible]

[illegible]

[illegible]

[illegible]

顯庸創制爪瓞綿百代宗祧敬惟
皇太子
氣禀岐嶷
英姿仁孝
圭璋令範鶴禁親保傅名儒
斧藻王休龍樓篤晨昏問竪彌行
冊禮立爲
朱服臣某備員海嶠供職藩垣仰
少海之澄波蟻封翹慶望
前星之朗耀雀躍歌呼謹遣陪臣○○○○
○○等虔具表章叩陳
丹陛伏願
宗安磐石
本鞏苞桑

銀榜輝煌統祚集九疇之福
青車錯彩祥符開八百之基將見器車澤馬
駢臻跨昌姬之寶籙甘露卿雲爛縵軼炎
漢之鼎圖矣 臣某無任瞻
天仰
聖踴躍懽忭之至謹奉
表稱

琉球國中山王世子臣尚質為投誠事
伏以
真人撫運再闢大統之乾坤
聖主招攜惟馳一介之文告
輯瑞以朝羣后一代之令典維新
遣使以撫諸邦萬國之具瞻攸係歡騰朝野

喜溢寰區臣 質 誠惶誠恐稽首頓首竊惟
舞干而苗格亘古不磨因晶而崇降于今
為烈三代追乎既降大道久矣弗彰文教
失宜而武臣用奇人不見德而惟威用是
以通不安而遠不至爵蓋伏遇
皇帝陛下
承天御籙
淵之土宇修宇宙既墜之綱常
建皇極而撫寰中登泰階而平天下顧謂柔
遠乃
創帝威典而修詞為
開國首務爰
命勅使歷招諸邦如 臣 朽鈍沐
恩光敢不對揚
休命仰荅

深仁歌頌太平致華封之累祝稽顙闕庭效
越裳之九譯但
天使降臨序已屬乎三秋而芹藻
上陳儀難辦于一時欲投挌撫之轄恐冒瀆
期之譴先脂護送之軸恭致投誠之款伏
願
至尊開天地之量獻琛稍寬來禩
[illegible]之誠霈澤祈渙于今朝臣無任
天仰
聖歡忭踴躍之至謹奉
表隨使以
聞
順治六年十一月十三日琉球國中山王世
子臣尚質謹上

表

琉球國中山王世子臣尚質誠懽誠忭稽

首頓首

上言伏以

聖武布昭六合視揮鞭而作宅

王威丕振兩階耀舞羽以為容

[illegible]寰中謳歌乃浹於海外竊惟

[illegible]有云

天心眷治於今為烈是以殊方效順咸懷重譯

之獻異域投誠共切朝宗之慕況我

清朝實培

世德三十載之修平遍慰雲霓拾五國之驅除

悉調風雨混同江上紫氣鍾祥於東閣廣

寧塞外瑞星拱極夫北闕蓋伏遇

皇帝陛下

仁涵日斧
羲滿月弧
握玄符以御六龍
應赤籙而定九鼎鸞旂高揭到處張獲醜之
雄銳曲清吹所在攝負之魄然而
神威北暢抑且
聖澤南流前承
[illegible]悠後舜捧
以上呈望風拜朔吹中國之有
聖人瞻雲修賀快盛京之真
天子臣質愧居僻遠奚補顯揚休誼傾誠向化
敢摅祇肅微忱徒測蠡而羨心海若忻嵩
祝以荅響山靈伏願
金甌無缺
玉燭常調馮夷浪靜瀚海安木葉之波仙掌
雲開玉關奉金行之朔則千世萬世傳之

無窮而自西自東無思不服矣臣無任瞻
天仰
聖踴躍歡忭之至謹奉
表稱
賀以
聞
一月二十七日琉球國中山王世
謹上
表
琉球國中山王臣尚質謹奉
表稱慶
賀
天子登極遠望嵩呼者臣尚　誠懽誠忭稽首
頓首上言伏以

天佑下民四時序而風雨順五穀熟而人民育
恭惟
皇帝陛下
承
天受
命
君師宇內
以克享
天心永膺
寶曆
大一統
文明之
盛治萬世隆太平之昌基臣尚僻居海國荷
蒙
聖育無窮莫伸補報臣國土產進

賀比献芹曝之微悃仰
紫宸而三祝祈
聖壽以齊
天無任瞻
天仰
聖激切屏營之至謹奉
表稱
康熙三年二月十五日琉球國中山王臣尚
質謹上表
琉球國中山王臣尚質誠懽誠忭稽首頓
首
上言伏以
聖人繼統千秋之金鑑重光

元后垂謨一代之鴻圖永固
九天閶闔宏開宮殿肅朝儀
萬國衣冠共拜冕旒宣正朔江河呈瑞臣庶
歡呼恭惟
皇帝陛下
離照當天
晉明出治
[illegible]沛雨露於田間
羅山川於掌上誠哉漢家文景允
矣周室成康臣敬燕賀有心見趨無術謹
遣陪臣翁國楨曾曆等肅貢芹曝叩首
龍墀代躬雀躍伏願
聖主秉乾
大人鳴豫
集夔龍于殿上敷揚禮樂三千
收頗牧于禁中保障山河百二將見一心一

德欣瞻玉帛之同来享来王共覩車書之

盛矣臣敬無任瞻

天仰

聖踴躍懽忭之至謹奉

表稱

賀以

聞

雍正元年

琉球國中山王臣尚敬誠懽誠忭稽首頓

首

上言伏以

皇德開天周室覩貽謀之盛

帝德尊祖夏王隆奕世之休

道冠千秋前聖作而後聖述

恩敷九有河出圖而洛出書率土歡騰普天

慶溢恭惟

皇帝陛下

御籙登樞

乘乾握紀

坐明堂而朝百辟玉帛来同

安四方琪球畢集臣敢藩垣末職

在臣際

景運初啓之期敢不引領戴

德值

文明肇開之會誰弗捫心承

恩謹遣陪臣向啓獻金震等馳叩

象闕恭祝

龍禧伏願

乾綱獨秉

泰運長亨

俟甸要荒盡入職方之府

躬桓蒲穀悉歸王會之圖將見金甌永固醴

泉與芝草俱生玉燭常調彩鳳共祥麟並

現矣臣敬無任瞻

天仰

聖踴躍懽忭之至謹奉

聞

乾隆二年

擬

琉球國中山王臣尚其誠懽誠忭稽首頓

首謹奉

表上言伏以
聖人登黼座億萬年之景運初開
哲后撫璇圖千百代之祥符允洽
来王来享咸慶風雲龍虎之遭
受共受球共瞻郊藪鳳麟之瑞臣民歸命遐
迩傾心恭惟
皇帝陛下
尊居辰極撫六合而御八荒
正位乾坤繞三才而參兩大臣某備員海嶠
供職藩垣仰
泰階之昌期覓趨無術覲
光華之復旦燕賀有心謹遣陪臣○○○○
○○等匍叩
龍墀代躬雀躍伏願

大業富有
盛德日新
累洽重熙衍善述之統緒
作求克配綿卜年卜世之洪圖將見扶桑高
柳之鄉罔不梯山而航海浴日滔星之野
皆思献賮而納琛矣臣某無任瞻
天仰
之至謹奉
賀以
聞
擬
琉球國中山王臣尚某誠懽誠忭稽首頓
首謹奉
表上言伏以

奉上諭欽此

旨遵奉

琉球國中山王[illegible]

欽[illegible]

聞

覽以

[illegible]奏

天恩

[illegible]

[illegible]

[illegible]

[illegible]

[illegible]

大[illegible]

仁主膺圖萬方慶風雲之會
神靈建極九邊仰日月之華
侯甸要荒奉車書而執玉帛
躬桓蒲穀瞻宮殿而肅冠裳雲外嵩呼波臣
拜舞恭惟
皇帝陛下
聰明亶作
不陬澨沐詩書雅化
權持地軸海疆漸禮樂休風臣某盧宇微員
鮫宮末品瞻
六龍初御之日莫遂覲趨仰九闈肅式之時彌
深燕賀謹遣陪臣○○○○○守肅賫
短疏叩祝
聖禧伏願
凌古鑠今

光前裕後
躋一世于壽域化奏蕩平
登兆姓于春臺俗成熙皞將見圖籙安磐石
永獲河清海晏之休鼎祚鞏苞桑長致雨
澍風祥之瑞矣臣某無任瞻
天仰
聖踴躍懽忭之至謹奉
聞
擬
伏以
哲后承乾六合慶泰階景運
興王御宇八埏瞻雲漢光昭
孚文命於要荒衆星咸思拱極

布王靈於陬澨萬派共樂朝宗慶洽普天歡
騰率土恭惟
皇帝陛下
神聰茂毓
仁孝挺生
握赤符而御六龍海晏河清獻瑞
膺寶籙而定九鼎星陳雲燗凝祥臣某供職
[illegible]員域外山皆貢瑞知中國之有
[illegible]波識太平之真
天子覺趨無術燕賀有心謹遣陪臣○○○○
○○等肅捧
表章代躬泥首伏願
都有一德
喜起載賡
飭紀陳綱安內而兼懷外
宣威布德緯武而復經文將見玉帛萬方長

享時雍之世輯班五瑞永沾熙皞之休矣

臣某無任瞻

天仰

聖踴躍懽忭之至謹奉

表稱

賀以

聞

龍歸天漢九霄日月藏光

弓挂橋山萬里風雲变色

六十一載之憂勤惕厲念切民依

千億萬年之寶籙皇圖尚邀帝眷普天泣血

率土攀髯恭惟

皇帝陛下

聰明天縱

仁孝性成

思創造之維艱善述善繼

念守成之靡易惟一惟精

聖祖仁皇帝

德施九有

化被八荒

海晏河清永示規模之備

[illegible]宏開疆土之雄宜壽與天齊而應筭

[illegible]承詎蒼梧晏駕哭二女於湘江乃而

畢郢登霞泣百男於岐水臣激世叨

封典念切愴悽謹遣陪臣翁國柱曹曆等齎

捧九儀恭陳

祭典仰邀

先皇在天之鑒俯納遠臣一念之誠伏願

勵精圖治

垂拱凝庥

集一代之共球祖述先志
綿萬年之曆數佑啓後人將見川瀆効靈豈
異漢家之文景江河呈瑞不殊周室之成
康矣 臣敬無任瞻
天仰
聖激切屏營之至謹奉
表恭
雍正元年
琉球國中山王臣尚敬誠惶誠恐稽首頓
首
鼎湖弓劍九天同雨泣之誠
蒼野衣冠萬國共霜淒之慕望

橋山而不見瞻
北極以永號寰宇傾心龍誕表愫恭惟
皇帝陛下
聰明天縱
仁孝性成
思創造之維艱善述善繼
念守成之靡易惟一惟精
[illegible]
化被八荒疊沛
殊恩永示規模之備大數
聖澤宏開疆土之雄宜壽與齊而筭同日永詎
蒼梧晏駕乃畢郢登霞臣敬守職海藩攀
龍髯而不及馳心
法駕灑鮫淚以無由謹遣陪臣向啓獻金震
守齋捧九儀恭陳

祭典邀

先皇陟降之鑒表遠臣哀悃之誠伏願

念祖聿修

紹衣勿倦

道隆纂述垂奕世而謨範可徵

治本昭明追萬年而典型無缺將見麒麟獻

瑞永享熙熙之風鳳凰來儀長歌皞皞之

臣敬無任瞻

聖激切屏營之至謹奉

表恭

進以

聞

乾隆二年

[illegible]

伏以

婺極星藏輝華蓋鸞車歸閬苑

璇宮月沉彩旌幢鶴馭上瑤池

檀樹荒涼四海望

堯門而雨淚

蕙幃寂寞九重思

母範而霜凄萬姓哀號六宮泣血恭惟

仁孝性成

寢掖承歡遵

懿訓而勤宵旰

閫门侍膳承

慈命而凜冰淵

○○○皇后

陰教修明

坤儀垂裕
德高任姒播聖善于中宮
風邁馬劉著柔嘉於秘殿宜膺壽齡遐筭永
望合飴弄孫詎風木生悲乃荼蓼增苦 臣
某備員環島供職藩封素欽
聖母儀型久賴
洪慈普庇謹遣陪臣○○○○○○等肅賫蘊藻
[illegible]
[illegible]
保合太和
均調淑氣
海區叨覆載中外頌五福之長
寰宇仰照臨遐邇獻九如之祝將見孝思作
則祥符揚景運之府錫類無方泰階歌昇
平象矣

伏以

鼎湖龍去遐邇增霜露淒悲

蜀地鵑啼中外痛山陵崩裂

鶴歸華表留法駕以無從

弓挂橋山思攀髯而不及八音遏密萬姓哀

號恭惟

皇帝陛下

[illegible]

繼志述事著梓材丹雘之勤

承烈顯謨衍堂構箕裘之緒

○○○皇帝

經天緯地

奮武揆文

事業冠帝王駕虞夏商周而稱盛

德澤光宇宙超漢唐宋明爲獨隆宜壽永河

山而筭符箕翼詎蒼梧晏駕空傳竹染湘
烟乃畢郢登霞遥望河傾岐涘臣某波中
澤國海外藩垣忘切懷悽奚由叩
梓宮而揮鮫泣情深
祭典因特陳蘊藻而進龍涎邀
先皇陟降之靈表遠臣哀思之忱伏願
聿修不倦
[illegible]之
一[illegible]於萬方世德垂作求之盛
大車書於一統詒謀開燕翼之休將見圖籙
翠金甌水鰈林鶼獻瑞帛祚調玉燭金船
銀甕凝庥矣
伏以
三殿風淒四海麻衣 明曉雪
九重雲黯萬声號慟憶春雷

珠集泥御瀟湘之初淚染竹
龍盤鳳翥橋陵之金粟堆岡率土攀髯普天
泣血恭惟
皇帝陛下
聰明天縱
仁孝性生
念負重於春冰善繼善述
皇[illegible]日[illegible]祇駕丕顯丕承
[illegible]
道邁堯舜
功高文武
車書大一統化洽鼓腹含哺
玉帛來萬方風普耕田鑿井宜膺鶴筭壽與
日月齊輝應享椿年齡共乾坤並永詎鼎
湖晏駕空留弓劍於橋山乃酆鎬賓天猶
傳卜書於金匱臣某累叨

寵眷疊受

恩波頂踵難酬涓埃未答徒灑鮫淵之淚願進

龍誕之香謹遣陪臣○○○○○等齋

捧九儀恭陳

祭典邀

先皇之降格鑒遠臣之悃忱伏願

樸劉常勤

[illegible]

[illegible]綿圖籙之靈長

世德作求慶泰階之景運將見獻琛献賢清

晏揚休而受共受球梯航畢集矣

伏以

乘鶴遊玉京萬里之風雲変色

騎龍歸天漢九霄之日月沉光

弓挂橋山侍臣難挽鼎湖之駕

篁揮湘淚帝女莫追蒼野之蹤兆姓哀思千

官流血恭惟

皇帝陛下

仁慈天亶

孝德性成

飭紀陳綱彰倫物車書之盛

顯庸創制大觀光揚烈之休

[illegible]

允文允武

深仁厚澤洽績冠四千餘年

峻德膚功勲猷光二十一更宜膺椿算而享

鶴齡詎一旦賓天乃倏然晏駕長拋中外

奄棄　臣某捧

詔悲號聞喪婺面効顧長康傾河之淚作李延

年薤露之歌謹遣陪臣○○○○○等

虔捧九儀恭陳

祭典邀

先皇九京之鑒表微臣一縷之衷伏願

凌古鑠今

光前裕後

世臻熙皞卿雲寶露齊輝

俗享蕩平甘雨和風載道將見烏言皮服咸

[illegible][illegible]向歸琛鑿齒雕題皆占雲而獻磬矣

擬平定西方賀表

伏以

聖武昭回底定暨流沙之域

皇靈浩蕩奠安逾積雪之區

遠者至而邇者安山無伏莽

荒服王而要服貢海不揚波朝野傾心臣民

歸命恭惟

皇帝陛下

仁符天覆

智協神功

六宇澄清喜見戈韜甲衅

八荒平治不驚劍影弓声胡○○○肆厥跳

梁恃蟻封而作穴○○○恣其頑梗鼓螳

臂以當車遂奮

[illegible]戊午三[illegible]遣代人樂勵兵秣馬士思敵愾從王

[illegible]驅風馳霧捲渠魁授首叛黨伏辜

天子猶宏一視之仁大臣用開三面之網露布

振於域外鐃歌徹於寰中臣某備員藩封

供職海嶠覩邁無術蕻賀有心謹遣陪臣

○○○○○○守肅捧

表章上陳

帝座伏願

兵銷雲慴

甲洗天河

聞鞞鼓之声衷懷輒思將帥

重鎖鑰之寄寤寐猶謹邊陲將見受共受球

撫藩宣於萬國卜年卜世奠鼎祏於千秋

矣

跳梁之跳字改作陸字亦可

伏

聖武常昭掃欃槍於萬里

王靈遠播舞干羽於兩階

雨洗甲兵制豕狼而揚鉦鼓

雲迎露布浄鯨鯢而蕩妖氛喜動龍驤歡興

虎禁恭惟

皇帝陛下

智勇天錫

懷保性生

威振雷霆蕩滌覩方隅底定

德光日月昭回咸宇内雍熙胡封豕梟張竟

肆窮沙隱蜮抑長蛇竄伏自恃塞北遊魂

騎逞春郊敢鳴騷畫角馬肥秋塞輒哨集

清笳○○○蠢爾戎心○○○狡為逞志

于是

[illegible]錫鈇鉞以專征因之元帥雄行奉謨

詔[illegible]草旅羣思勵兵秣馬咸樂敵愾從王

士馬懽騰山川失險旌旗整肅草木皆兵

叛黨伏辜渠魁授首百姓壺漿怨後三軍

鐃鼓爭先雖將吏與有微勞實

皇靈獨稱妙算臣甚懽居海嶠欣聽凱歌謹遣

陪臣○○○○○○等肅捧

表章上陳

帝座伏願

仁風普被
文教誕敷
咸五而臨功遍乎要荒侯甸
奉三以治道高於文武聖神將見遠至邇安
奠金甌于百世東漸西被調玉燭于千秋
矣
[illegible]
聖武光昭萬里蕩絃歌之頌
王靈遐播八荒彰赫奕之威
掃狼豕之突奔山無伏莽
靖鯨鯢之妖祟海不揚波慶溢龍驤歡騰虎
拜恭惟
皇帝陛下
英明廣運

文武熏資
九圍懷覆幬之慈寰中樂利
四海奏廓清之烈宇内雍熙乃○○○出没
烟波而○○○巢穴渤澥恃厤窟而嘯聚
劫掠倚蟻垤而竄伏跳梁化外自甘海氛
驟起于是
天子震怒樹赤幟而泛舳艫因之元帥督師揮
黄旄而陳樓櫓人樂乘風破浪士思擊楫
浹旬電掣霆驅雲馳霧捲渠魁授首叛黨
勦平雖将吏與有微勞實
皇靈獨操妙筭臣其僻居海嶼供職藩封遥聽
鐃歌欣聞露布謹遣陪臣○○○○○○
守肅賫短疏叩祝
聖禧伏願
仁漸義摩
禮陶樂淑

修文偃武調玉燭於千秋
服敎畏神息金鉦於百世將見兵銷雲幄永
臻脫劍休風甲畢洗天河咸覩祥符美瑞矣

胡○○○肆其跳梁而○○○恣其頑梗
秋風斷馬搖動関西夜月引笳震驚塞北

云

胡○○○肆其陸梁而○○○恣其跋扈
恃蟻封而作穴鼓螳臂以當車遂奮
天威特嚴誅對人樂勵兵秣馬士思敵愾從王

云云乃○○○萑苻潢池弄兵而○○○綠林
蝸聚恃蟻封而作穴鼓螳臂以當車遂
奮
天威特驅魑魅人思勵兵秣馬士與敵愾從王